IN MEMORY OF THE KINGDOM

EN MEMORIA DEL REINO

IN MEMORY OF THE KINGDOM

EN MEMORIA DEL REINO

by

Baudelio Camarillo

Bilingual edition

Translated from Spanish and edited

by

Arthur Gatti
and
Zulai Marcela Fuentes

Prelude by Rosario Herrera Guido

Illustrations by Philip De Pinto

Cover design by Alonso Venegas Gómez

Editorial Supervision
Roberto Mendoza Ayala

DARK
LIGHT
PUBLISHING
NEW YORK • MÉXICO

2019

First printing: 2019

ISBN: 978-0-9982355-9-2

Designed and typeset in New York City by:

Darklight Publishing LLC
8 The Green Suite 5280
Dover, DE 19901

All of the illustrations in this book are the work of
Philip De Pinto

Contents

Full moon

Arpeggios

Ruins

The house of the poet

Índice

Luna llena

Arpegios

Escombros

La casa del poeta

Prelude

In memory of the moment

I believe the only thing
we really own in this life
is the amazement before the marvelous things
that happen inside and outside ourselves.

BAUDELIO CAMARILLO

Baudelio Camarillo (Xicoténcatl, Tamaulipas, September 7, 1959), is a mature poet who lives in Celaya, Guanajuato, and who has garnered several awards for his works, among which are the National Prize of Poetry Aguascalientes 1993 for *In Memory of the Kingdom* and the National Prize of Poetry Efraín Huerta 2004 for *La noche es el mar que nos separa*, among the most outstanding.

In Memory of the Kingdom was published in Spanish by INBA-Joaquín Mortiz in 1994, and also translated into French as *En mémoire du royaume* (Écrits des Forges, Mantis Editors-Chihuahuan Institute of Culture, Quebec, 2009). *In Memory of the Kingdom,* allows us to estimate this poetry as some of the most captivating of México, for its rhythm that evokes the primitive tam-tam, as well as for its melodious lyricism, its rural allegories, its bucolic freshness, its seductive whisper, understanding of everyday life and its fine eroticism.

In Memory of the Kingdom now undertakes a new journey along a channel as wide as that of the paper boats of the author's childhood in this bilingual edition of Darklight Publishing (New York-Mexico), to navigate other waters and be read in English all over the world. And it is an honor for me to accompany this important version with some words about this great poetic work.

The epigraph, a comment by Baudelio Camarillo himself, helps us know what he considers of greatest poetic value: the same astonishment that was about to lead Socrates to poetry instead of philosophy, which he defined, not by chance, as "the best music." Hence, Martin Heidegger, in the third moment of his reflections devoted to poetry that provokes thought —such that of Rilke, Hölderlin, Trakl and Celan— defines the relationship of philosophy to poetry in terms of "neighborhood," because both try to express the being, the being that we lost when we became entities, the being from which we detached ourselves at birth, the unspeakable being that escapes us because the words cannot express everything.

From here, Baudelio Camarillo's "amazement before the marvelous things" leads to the passion of every great poet: to express the *being* of things, particularly, what has not yet been said of them, since they are inexhaustible and enigmatic. "The marvelous things that happen outside and inside ourselves" produce amazement, awe and ecstasy and remind us of the censorship that the Choir "The Eulogy of Man," of Sophocles' Antigone was subjected to for millennia: right there where it should say "There is nothing more wonderful than man," the poet Hölderlin discovers that it must say in Greek *Deinotaton* (sinister), the opposite of the right-handed, that which shakes, which causes trembling.

From which it is concluded that the poetry of Baudelio Camarillo is situated between the sublime —that Kant defines in his *Critique of Judgment* as "the great thing," that which, once experienced, transforms us— and the sinister, that is, the aesthetic experience that shakes us because it produces strangeness, just like the images of this collection of poems in "Río Guayalejo," that bring us closer to the familiar and the everyday:

"Every day, by the narrow pathway / bequeathed to us by our ancestors, / we went down the river / just like birds alighting in the atrium of the church. [...] We are birds in search of drinking water / to submerge our amazement, / to let ourselves be carried away by its stream. [...] We were born here. The clay we're now made from /

was kneaded using this water / and the breath of God / was not able to remove us from this ground. [...] We have come here to fish: / we shall bring stars in our old nets. / But while my brother finishes his cigarette / and I contemplate the peaceful water of the night / in low voice we bathe our memories in the river. [...] Nowadays, carrying our net / down the river, we return looking for new fish / and thus we follow / down the river / till we die. [...] I learned from the Greeks / that rivers are divinities / who sometimes abandon their palaces / and set out to walk through the roads. / If this is so, / the Guayalejo must be a god so strong, / beautiful and passionate / that the Moon Goddess / descends every night / to his riverbed."

There is also the astonishment of finding that for a moment, the time of myth, tragedy and poetry, expressed in the rare tense of the perfect present, "will have been," the future returns as past. And just as the philosopher Søren Kierkegaard discovers that "The instant is an atom of eternity," that's how the poet sings the melodious moment:

"From the most intimate corner of the patio / I see the full moon. / Everything rests as hypnotized by the timeless pupil / of this moon that reaches up to my childhood / and from there comes back as a pendulum / that comes and goes and tells me / that I haven't grown up enough / to touch it with my hand. [...] Oh, may the breeze not blow, / may the wind stop / until I recover what I lost. / After that, may it hit my memories as it pleases, / may it defoliate the orange trees / and make the moon roll down to the abyss. / I shall not sleep in the dark tonight: / when an instant shines / it is / forever."

The eroticism in the work of Baudelio Camarillo is —as it is for the French philosopher and poet Georges Bataille, the greatest theorist of eroticism— "the affirmation of life even in death." In this recurring theme, a product of the human condition sexed, our poet does not engage in baroque word games, but, instead, in the search for precise words that give new names to passionate love, without forgetting, as Aristotle says in his *Poetics*, that "Only a poet perceives the similarities between all things." As it is sung by Camarillo in "Arpeggios":

"One evening your thighs will open wide as a book for me. / And I shall read you as a book, / as a poem with the scent of desire,/ delighting slowly from the syllables of light / that you keep while dressing. / And one night also I shall know the music that you keep, / the staff of your body / when you get close dressed only in the color of your skin / and desire ignites an orchestra air between your breasts. / And we shall make love as mouth and word, / as the violin and bow enlightened by the genius, / as the wave and the sand / till letting a cumulus of foam / fall upon our names."

Baudelio Camarillo, amazed and amazing poet, given to the instantaneous similarities between all the things that reach eternity, shows the most surprising analogies between the beings of his sensitive experience and his fantasy, which confirm the conviction that Octavio Paz expresses in *The Monkey Grammarian*: "Analogy, universal transparency: seeing this in that, even more, this is that." And under the full moon the poet whispers *In Memory of the Kingdom*:

"We are now at the riverside. / From this portion of the river, to the moonlight, / it is a necklace made of gold / that no one will pull off from our bosom."

ROSARIO HERRERA GUIDO

Preludio

En memoria del instante

*Creo que lo único
que es realmente nuestro en esta vida
es el asombro ante las cosas maravillosas
que pasan afuera y dentro de nosotros mismos*

BAUDELIO CAMARILLO

Baudelio Camarillo (Xicoténcatl, Tamaulipas, 7 de septiembre de 1959), es un poeta maduro que radica en Celaya, Guanajuato, y que ha merecido varios galardones por sus obras, entre otros el Premio Nacional de Poesía Aguascalientes 1993 por *En memoria del reino* y el Premio Nacional de Poesía Efraín Huerta 2004 por *La noche es el mar que nos separa*, que son los más destacados.

En memoria del reino, fue publicado por INBA-Joaquín Mortiz en 1994, y también traducido al francés como *En mémoire du royaume* (Écrits des Forges, Mantis Editores–Instituto Chihuahuense de Cultura, Quebec, 2009). *En memoria del reino,* permite estimar su poesía como una de las más cautivadoras de México, por su ritmo que evoca el tam-tam primitivo, así como por su melodioso lirismo, sus alegorías rurales, su frescura bucólica, su seductor susurro, la comprensión de la cotidianidad y su fino erotismo.

En memoria del reino ahora emprende una nueva travesía por un cauce tan ancho como el de los barcos de papel de la infancia de su autor en esta edición bilingüe de Darklight Publishing (New York-México), para navegar por otras aguas y ser leído en inglés por todo el mundo. Y es para mí un honor acompañar esta importante versión con unas palabras sobre esta magna obra poética.

Sirva el epígrafe, un pensamiento del mismo Baudelio Camarillo, para saber cuál es su máximo valor poético: el asombro, el mismo que iba a llevar a Sócrates a la poesía en lugar de a la filosofía, a la que no por casualidad definió como "la mejor música". De aquí que Martin Heidegger, en el tercer momento de su pensamiento, que dedica a la poesía que da qué pensar —como la de Rilke, Hölderlin, Trakl y Celan—, defina la relación de la filosofía con la poesía en términos de "vecindad", pues ambas tratan de decir el ser, el ser que perdimos desde que devenimos entes, el ser del que nos desprendimos al nacer, el ser indecible que se nos escapa porque las palabras no alcanzan a expresarlo todo.

De aquí "El asombro ante las cosas maravillosas" de Baudelio Camarillo conduce a la pasión de todo gran poeta: decir el ser de las cosas, en particular, lo que todavía no ha sido dicho de ellas, por inagotables y enigmáticas. "Las cosas maravillosas que pasan afuera y dentro de nosotros mismos" producen asombro, pasmo y éxtasis y nos recuerdan la censura de que fue objeto por milenios el Coro "El elogio del hombre", de la tragedia de *Antígona* de Sófocles: justo ahí donde debería decir "No hay nada más maravilloso que el hombre", el poeta Hölderlin descubre que debe decir en griego *Deinotaton* (siniestro), lo contrario a lo diestro, aquello que estremece, que hace temblar.

De lo que se concluye que la poesía de Baudelio Camarillo se sitúa entre lo sublime —que Kant define en su *Crítica del juicio* como "lo grandioso", aquello que una vez experimentado nos transforma— y lo siniestro, es decir, la experiencia estética que sacude porque produce extrañeza, justo como las imágenes de este poemario en "Río Guayalejo", que nos acercan a lo familiar y cotidiano:

"Todos los días, por la angosta vereda / que nos dejaron los abuelos, / bajamos hasta el río / como bajan los pájaros al atrio de la iglesia […] Somos aves buscando agua para beber, / para hundir nuestro asombro, / para dejarnos llevar por su corriente […] Aquí nacimos. El barro que ahora somos / se amasó con esta agua / y el aliento de Dios / no pudo desprendernos de esta tierra […] Hemos venido aquí para pescar: / sacaremos estrellas en nuestras viejas redes. / Pero mientras mi hermano termina de fumar / y yo contemplo el agua tranquila de la noche / en voz baja mojamos recuerdos en el río […] Ahora, cargando nuestra red, / río abajo volvemos buscando nuevos peces / y así seguimos, / río abajo / hasta la muerte […] Aprendí de los griegos / que los ríos son dioses / que abandonan a veces sus palacios / y se echan a andar por los caminos. / Si esto es así, / el Guayalejo debe ser un dios fuerte, / bello y fogoso / para que la misma Diosa Luna / baje todas las noches / a su lecho".

Hay también el asombro de encontrar que por un instante, el tiempo del mito, la tragedia y la poesía, expresado en el tiempo verbal poco común del presente perfecto, "habrá sido", el futuro regresa como pasado. Y así como descubre el filósofo Søren Kierkegaard que "El instante es un átomo de eternidad", así canta el instante melodioso nuestro poeta:

"Desde el rincón más íntimo del patio / miro la luna llena. / Todo reposa hipnotizado por la pupila intemporal / de esta luna que llega hasta mi infancia / y desde ahí regresa como un péndulo / y va y viene y me dice / que no he crecido aún lo suficiente / para tocarla con mi mano […] Ah, que no sople la brisa, / que se detenga el viento / hasta que yo recobre aquello que perdí. / Después, que golpee mis recuerdos cuanto quiera, / que cuanto quiera deshoje los naranjos / y haga rodar la luna hasta el abismo. / Ya no dormiré a oscuras esta noche: / cuando un instante brilla / es / para siempre".

El erotismo en la obra de Baudelio Camarillo es, —al igual que para el filósofo y poeta francés Georges Bataille, el más grande pensador del erotismo—, "la afirmación de la vida hasta en la muerte". En este tema cotidiano, producto de la condición humana sexuada, nuestro poeta no emprende juegos de palabras culteranos o barrocos, sino la búsqueda de palabras precisas que le den nuevos nombres a la pasión amorosa, sin olvidar, como dice Aristóteles en su *Poética,* que "sólo es poeta el que percibe las semejanzas entre todas las cosas". Lo entona Camarillo en "Arpegios":

"Una noche tus muslos se abrirán como un libro para mí. / Y como un libro te leeré, / como un poema con olor a deseo, / deleitando pausado las sílabas de luz / que guardas al vestirte. / Y una noche también conoceré la música que llevas, / el pentagrama de tu cuerpo / cuando te acerques vestida solamente del color de tu piel / y el deseo encienda un aire de orquesta entre tus pechos. / Y haremos el amor como boca y palabra, / como el violín y el arco iluminados por el genio, / como la ola y la arena / hasta dejar un cúmulo de espuma / caer en nuestros nombres".

Baudelio Camarillo, poeta asombrado y asombroso, entregado a las semejanzas instantáneas entre todas las cosas que alcanzan la eternidad, hace gala de las más sorprendentes analogías entre los seres de su experiencia sensible y de su fantasía, que confirman la apreciación que Octavio Paz nos regala en *El mono gramático*: "Analogía, transparencia universal: en esto ver aquello, más aún, esto es aquello". Y bajo la luna llena susurra el poeta de *En memoria del reino*:

"Ya estamos en la orilla. / Desde esta parte el río, a la luz de la luna, / es un collar de oro / que nadie arrancará de nuestro pecho".

ROSARIO HERRERA GUIDO

IN MEMORY OF THE KINGDOM

EN MEMORIA DEL REINO

To whom it may concern

Do not give water to the thirsty.
In the land you inhabit
a spring is hidden by every single rock;
you only have to tell them
how they will hit their forehead
against them.

A quien Corresponda

No des el agua a los sedientos.
En la tierra que habitas
cada una de las rocas esconde un manantial;
sólo has de decirles
de qué manera han de golpear su frente
contra ellas.

GUAYALEJO RIVER

RÍO GUAYALEJO

MOTHER WATER

I

Artery of these fields.
Evil grows far from the shine of its waters.
It's a lonesome river on the hot chest of this tropical side.
Light that penetrates its waters soon forgets the sky
and in its bottom stones are eggs of some bird
that doesn't know how to fly
but inside the heart.

AGUA MATERNA

I

Arteria de estos campos.
La maldad crece lejos del brillo de sus aguas.
Es un río solitario en el pecho caliente de este trópico.
La luz que entra en sus aguas olvida pronto el cielo
y en el fondo las piedras son huevos de cierta ave
que no sabe volar
sino en el corazón.

II

Our hearts are fish out of water
far from this stream.
Memories sleep on the bed of the river.
Every sunset the shouts of girls fly
over the warm waters of this dream;
they bathe in it, in it they bathe
and their bodies sweeten the river water.

One of them,
the most beautiful nymph that crossed this stream,
gave me to drink the sun darkening in her mouth,
since then there is no evening inside my body.

II

Peces fuera del agua son nuestros corazones
lejos de esta corriente.
En el lecho del río dormitan los recuerdos.
Cada atardecer vuelan gritos de muchachas
sobre las tibias aguas de este sueño;
nadan en él, en él se bañan
y las aguas se endulzan con sus cuerpos.

Una de ellas,
la más hermosa ninfa que cruzó esta corriente,
me dio a beber el sol que atardecía en su boca
y no hay noche en mi cuerpo desde entonces.

III

Every day, by the narrow pathway
bequeathed to us by our ancestors,
we went down the river
just like birds alighting in the atrium of the church.

With shouts and songs we embellished the light
and the summer's breath, our favorite sojourns.
We are birds in search of drinking water
to submerge our amazement,
to let ourselves be carried away by its stream.

III

Todos los días, por la angosta vereda
que nos dejaron los abuelos,
bajamos hasta el río
como bajan los pájaros al atrio de la iglesia.

Con gritos y canciones adornamos la luz
y el aire de verano que son nuestras estancias favoritas.
Somos aves buscando agua para beber,
para hundir nuestro asombro,
para dejarnos llevar por su corriente.

IV

A huge sabino tree with three centuries of shade
submerges its long branches in the river.
From its top the sun jumps naked into the water.
Sinking and emerging, and swimming to the shore
and again going up and plunging in.
It is likewise every single day.
When wintertime is here
we shall make room for it in our courtyard
and it, who prints it all within its memory,
will tell us of the time when light
crawled down on earth, rattling its bells.

IV

Un enorme sabino con tres siglos de sombra
hunde sus largas ramas en el río.
Desde su copa el sol salta desnudo al agua.
Se sumerge y emerge y nada hasta la orilla
y nuevamente sube y se lanza.
Así es todos los días.
Cuando llegue el invierno
le haremos un lugar en nuestro patio
y él, que todo lo graba en su memoria,
nos hablará del tiempo en que la luz
andaba por la tierra sonando cascabeles.

V

The green of these waters
doesn't ever wither in our eyes.
The more we contemplate the deep foliage of its waves
the more our bones are filled with sap.
We were born here. The clay we're now made from
was kneaded using this water
and the breath of God
was not able to remove us from this ground.

V

El verde de estas aguas
no se marchita nunca en nuestros ojos.
Cuanto más contemplamos ese follaje intenso de sus olas
tienen más savia nuestros huesos.
Aquí nacimos. El barro que ahora somos
se amasó con esta agua
y el aliento de Dios
no pudo desprendernos de esta tierra.

NIGHT FISHING

I

Through the choir of the frogs
the river crawls its serpent body.
A pure and docile water tonight in darkness
irrigates in front of us a fragment of the sky.
We have come here to fish:
we shall bring stars in our old nets.
But while my brother finishes his cigarette
and I contemplate the peaceful water of the night
in low voice we bathe our memories in the river.

PESCA NOCTURNA

I

Entre el coro de ranas
desliza el río su cuerpo de serpiente.
Un agua pura y mansa en esta noche a oscuras
riega frente a nosotros una parte del cielo.
Hemos venido aquí para pescar:
sacaremos estrellas en nuestras viejas redes.
Pero mientras mi hermano termina de fumar
y yo contemplo el agua tranquila de la noche
en voz baja mojamos recuerdos en el río.

II

Oh, memory, just with rags
it restores those outfits.
What nakedness are we trying to conceal
evoking pieces of ancient wonders?

In a low voice we dress up the days
we put away long time ago,
in a low voice we walk barefoot again,
in a low voice there are no dead souls
nor tears to increase the flow of these waters.
In a low voice we dream that we return
or we return while dreaming
to our childhood.

II

Ah, memoria que sólo con harapos
reconstruye aquella vestidura.
¿Qué desnudez tratamos de cubrir
evocando a retazos antiguas maravillas?

En voz baja vestimos nuevamente los días
que hace tiempo guardamos,
en voz baja otra vez caminamos descalzos,
en voz baja no hay muertos
ni lágrimas que aumenten el caudal de estas aguas.
En voz baja soñamos que volvemos
o volvemos soñando
a nuestra infancia.

III

Just like stones at the bottom of the river
our eyes dwell
years that the stream of these waters do not drag.
Wider and mightier in his glance
my brother recollects shadows of ancient willows,
sabino trees torn down by the sword of thunderbolt,
children who aren't here anymore.

In which darkness are they lost?
It is difficult to know.
Just as the river flows we are like passing water
and time and oblivion
restrict
our riverbed.

III

Al igual que las piedras en el fondo del río
habitan nuestros ojos
años que la corriente de estas aguas no arrastran.
Más ancho y caudaloso en su mirada
mi hermano rememora sombras de antiguos sauces,
sabinos desgajados por la espada del rayo,
niños que ya no están.

¿En qué noche se pierden?
Es difícil saberlo.
Al igual que este río somos aguas que pasan
y el tiempo y el olvido
limitan
nuestro cauce.

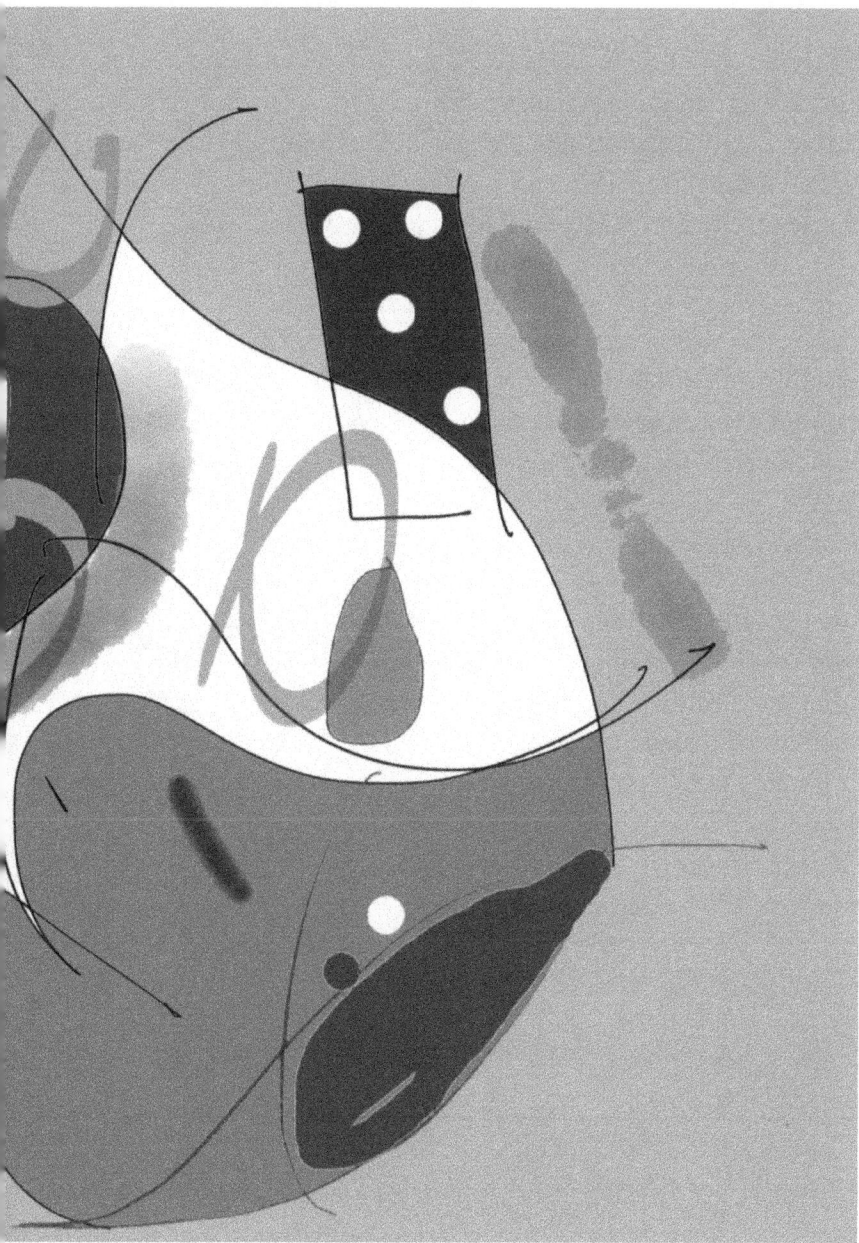

IV

In its deepest and most silent places
the river washes secrets that we watched tonight.
Big and beautiful fish
emerge together with the net laid by memory.

It's been twenty years since we were here before;
in years that followed the current dragged
our childhood down the river.
And down the river we also had a girlfriend,
down the river we were parents,
adults,
sharp and grown up people.

Nowadays, carrying our net
down the river, we return looking for new fish
and thus we follow
        down the river
            till we die.

IV

En sus partes más hondas y calladas
el río baña secretos que esta noche acechamos.
Peces grandes y hermosos
emergen con la red que la memoria tiende.

Hace veinte años estuvimos aquí;
en años sucesivos la corriente arrastró
río abajo nuestra infancia.
Y río abajo también tuvimos novia,
río abajo fuimos padres,
adultos,
gente seria y precisa.

Ahora, cargando nuestra red,
río abajo volvemos buscando nuevos peces
y así seguimos,
           río abajo
                hasta la muerte.

V

We walk in darkness on the edge of the water.
We are cold and hungry.
Above, there are houses of people we love:
mother, friends, family.
A soft dream aroma comes to us
keeping us from continuing.
We come back.

V

Caminamos a oscuras por la orilla del agua.
Tenemos frío y hambre.
Arriba están las casas de las gentes que amamos:
madre, amigos, familia.
Hasta nosotros llega un suave olor a sueños
que nos impide continuar.
Regresamos.

INNER STREAM

I

As most children, we made paper boats
and we were on board
and we sailed away.
We later had a small boat,
a real one,
in it we sailed over the same path.

Today we possess both things.
Every morning they await for us.
Yet we prefer paper boats
because on board the river becomes as wide
as the sea we have never known.

CAUCE INTERIOR

I

Como todos los niños, hicimos barcos de papel
y nos subimos en ellos
y nos fuimos.
Después tuvimos uno verdadero,
una lancha pequeña,
y en ella recorrimos la misma trayectoria.

Hoy poseemos las dos cosas.
Cada mañana nos esperan.
Mas preferimos los barcos de papel
porque desde ellos el río se hace ancho
como el mar que nunca hemos conocido.

II

There is a huge rock
that cuts the waters in two.
The strongest overflows have not been able to destroy it.
Many times we plunged into the river from this rock
in order to go deeper.
That is the game:
to search into the deep waters
and emerge joyful to the light.

II

Hay una roca enorme
que parte en dos las aguas.
Las más grandes crecientes no han podido con ella.
Desde ahí muchas veces nos lanzamos al río
para llegar más hondo.
Ese es el juego:
buscar en lo profundo de las aguas
y ascender jubiloso hacia la luz.

III

Whoever plunges into these waters with clothes on
runs the risk of drowning.
Only naked shall we reach the deepest bottom.
We know it,
we leave our clothes on a willow trunk
and we enter the water
until reaching the *riverbed* where Eternity
sleeps naked.

III

Quien se lanza vestido al fondo de estas aguas
corre el riesgo de ahogarse.
Solamente desnudos llegaremos más hondo.
Nosotros lo sabemos,
dejamos nuestras ropas en el tronco de un sauce
y entramos en el agua
hasta llegar al *lecho* donde la Eternidad
duerme desnuda.

IV

Offspring of coarse farmers
we are.
My father loves the land,
my mother, the sky
and from that union we were born.
When my father and my mother embrace each other
the river that I'm talking about flows
and God is very close
to us.

IV

Descendientes de rudos campesinos
somos.
Mi padre ama la tierra,
mi madre, el cielo
y de esa unión nacimos.
Cuando mi padre y mi madre se abrazan
fluye el río de que hablo
y Dios está muy cerca
de nosotros.

V

Today in Geography class
I learned my river is not important;
it doesn't show on maps.
It hurts me for not being so.

Today I love it more.
Gods keep to themselves the greatest secrets
and this river is a secret
to very few mortals
revealed.

V

Hoy, en la clase de Geografía,
supe que mi río no es importante;
no figura en los mapas.
Me duele que así sea.

Ahora lo amo más.
Los dioses se reservan los más grandes secretos
y este río es un secreto
a muy pocos mortales
revelado.

VI

Almost at dusk
we left this river's water
and we got dressed in silence.
We're still strong enough to see the sky
and ask forgiveness for disregarding our mother.
We recount the light
until the night falls.
Then we go
home,
as every day.

VI

Casi al anochecer
dejamos el agua de este río
y nos vestimos en silencio.
Aún tenemos fuerzas para mirar el cielo
y pedirle perdón por desoír a nuestra madre.
Hacemos un recuento de la luz
hasta que cae la noche.
Después nos vamos,
a casa
como siempre.

CRESCENT

We fetched the ax my father uses to cut wood.
We placed the disk of the moon on a log
and cut it in two equal portions.
One of them we hung from heaven
so that grownups may contemplate it,
the other portion we used to play
in the river.

CUARTO CRECIENTE

Tomamos el hacha con que nuestro padre corta leña.
Pusimos el disco de la luna sobre un tronco
y lo partimos en dos partes iguales.
Una colgamos en el cielo
para que los adultos la contemplen,
con la otra jugamos
en el río.

FULL MOON

I

I learned from the Greeks
that rivers are divinities
who sometimes abandon their palaces
and set out to walk through the roads.

If this is so,
the Guayalejo must be a god so strong,
beautiful and passionate
that the Moon Goddess
descends every night
to his riverbed.

LUNA LLENA

I

Aprendí de los griegos
que los ríos son dioses
que abandonan a veces sus palacios
y se echan a andar por los caminos.

Si esto es así,
el Guayalejo debe ser un dios fuerte,
bello y fogoso
para que la misma Diosa Luna
baje todas las noches
a su lecho.

II

There is no water tonight:
it is the moonlight
what fills this riverbed.

II

No hay agua esta noche:
es la luz de la luna
la que llena este cauce.

III

We crossed the river under the full moon.
We touched the stones under the water
with our bare feet.
We had to cross it the way a dream is crossed
that later will turn into blood inside our body.
We walked slowly to drink it all.

We are now at the riverside.
From this portion of the river, to the moonlight,
it is a necklace made of gold
that no one will pull off from our bosom.

III

Cruzamos el río bajo la luna llena.
Tocamos las piedras bajo el agua
con nuestros pies desnudos.
Teníamos que cruzarlo como se cruza un sueño
que después se hará sangre en nuestro cuerpo.
Caminamos despacio para beberlo todo.

Ya estamos en la orilla.
Desde esta parte el río, a la luz de la luna,
es un collar de oro
que nadie arrancará de nuestro pecho.

FULL MOON

LUNA LLENA

Baudelio Camarillo

I

From the most intimate corner of the patio
I see the full moon.
Everything rests as though hypnotized by the timeless pupil
of this moon that reaches up to my childhood
and from there comes back as a pendulum
that comes and goes and tells me
that I haven't grown up enough
to touch it with my hand.

I

Desde el rincón más íntimo del patio
miro la luna llena.
Todo reposa hipnotizado por la pupila intemporal
de esta luna que llega hasta mi infancia
y desde ahí regresa como un péndulo
y va y viene y me dice
que no he crecido aún lo suficiente
para tocarla con mi mano.

II

The most desired fruit,
the biggest and juiciest I see
on the branches of the orange tree
is the round moon.

The soil smells like it is supposed to smell:
traces of other nights in the sleeping wind.

Oh, may the breeze not blow,
may the wind stop
until I recover what I lost.
After that, may it hit my memories as it pleases,
may it defoliate the orange trees
and make the moon roll down to the abyss.

I shall not sleep in the dark tonight:
when an instant shines
it is
    forever.

II

El fruto más deseado,
el más grande y jugoso que miro
entre las ramas del naranjo
es la redonda luna.

Huele la tierra a lo que debe oler:
indicios de otras noches en el aire que duerme.

Ah, que no sople la brisa,
que se detenga el viento
hasta que yo recobre aquello que perdí.
Después, que golpee mis recuerdos cuanto quiera,
que cuanto quiera deshoje los naranjos
y haga rodar la luna hasta el abismo.

Ya no dormiré a oscuras esta noche:
cuando un instante brilla
es
        para siempre.

III

A slow river of crickets falls into my bloodstream.
Warm music bathes the garden's stillness.
I am thirty-two years of age
and the moon is the same round window
by which the light of Paradise enters my grove.

That is how I saw it when I played with my siblings
and the garden neighbored all our dreams.
That is how I see it now;
I only have to hide again amidst the trees,
at the grove's most intimate corner
where my siblings never looked for me.

III

Un lento río de grillos desemboca en mi sangre.
Tibia música baña la quietud del jardín.
Tengo treinta y dos años
y la luna es la misma ventana circular
por donde cae a mi huerto la luz del paraíso.

Así la vi cuando jugué con mis hermanos
y el jardín colindaba con todos nuestros sueños.
Así la veo ahora;
sólo falta esconderme de nuevo entre los árboles,
en el rincón más íntimo del huerto,
en donde nunca me buscaron mis hermanos.

IV

There were three children.
They played on the patio under the full moon.
They loved the summer nights
because in the summer, nights smell stronger
and shadows are full of fireflies.
All of what they loved was close.
Adults, sitting in armchairs that childhood despises,
smoked for long and chatted.

Children knew it: beyond those years
the moon and a rose would be different things.
They knew it as they looked askance at elders,
they knew it filling their pockets with fireflies
to let them free during their sleep.
They now confirm it:
today while sitting on the patio under the full moon
chatting about colorless and boring things
and smoking for long hours
while their children play.

IV

Había tres niños.
Jugaban en el patio bajo la luna llena.
Amaban las noches de verano
porque en verano las noches huelen más
y las sombras se llenan de luciérnagas.
Todo lo amado estaba cerca.
Los adultos, sentados en sillones que la infancia desprecia,
fumaban largamente y conversaban.

Los niños lo sabían: pasados esos años
la luna y una rosa serían cosas distintas.
Lo sabían mirando de reojo a los mayores,
lo sabían llenando sus bolsillos con luciérnagas
para después soltarlas en el sueño.
Lo confirman ahora:
hoy que se sientan en el patio bajo la luna llena
y conversan de cosas opacas y aburridas
y fuman largamente
mientras sus hijos juegan.

V

My three-year-old son
says that when he grows older
he will have money to buy the moon
and place it on his window pane
every night.

I look at him carefully while he plays:
something tells me he will do it.

V

Mi hijo, de tres años de edad,
dice que cuando sea grande
tendrá dinero para comprar la luna
y la pondrá en su ventana
cada noche.

Lo miro largamente mientras juega:
algo me dice que lo hará.

ARPEGGIOS

ARPEGIOS

One evening your thighs will open wide as a book for me.
And I shall read you as a book,
as a poem with the scent of desire,
delighting slowly from the syllables of light
that you keep while dressing.

And one night also I shall know the music that you keep,
the staff of your body
when you get close dressed only in the color of your skin
and desire ignites an orchestral wind between your breasts.

And we shall make love as mouth and word,
as the violin and bow enlightened by the genius,
as the wave and the sand
till letting a cumulus of foam
fall upon our names.

Yes, one evening your thighs or your book or your music
will open wide for me.
You will charge frantic against my unicorn beam,
you will feed silence with golden moans
and I will rest at last over your sleep
and I shall throw away long evenings
into the garbage can.

Una noche tus muslos se abrirán como un libro para mí.
Y como un libro te leeré,
como un poema con olor a deseo,
deleitando pausado las sílabas de luz
que guardas al vestirte.

Y una noche también conoceré la música que llevas,
el pentagrama de tu cuerpo
cuando te acerques vestida solamente del color de tu piel
y el deseo encienda un aire de orquesta entre tus pechos.

Y haremos el amor como boca y palabra,
como el violín y el arco iluminados por el genio,
como la ola y la arena
hasta dejar un cúmulo de espuma
caer en nuestros nombres.

Sí, una noche tus muslos o tu libro o tu música
se abrirán para mí.
Embestirás frenética mi destello unicorne,
sembrarás el silencio con gemidos dorados
y yo descansaré por fin sobre tu sueño
y arrojaré largas noches
al cesto de basura.

I say your name
as if I tasted a six-letter fruit.
It soothes my thirst and my hunger to pronounce it;
it's my orange when the sun is high,
the apple I bite while dreaming.

When I wake up I put it between my lips
to make the day appear;
when I sit on the table I find it among the fruits
of the fruit bowl.
I pronounce it knowing that it will sweeten my blood,
I mix it with water and I drink it.

I have also planted seeds of your name
on the most fertile humus of my body.

Digo tu nombre
como si saboreara un fruto de seis letras.
Calma mi sed y mi hambre el pronunciarlo;
es mi naranja a la hora del calor,
la manzana que muerdo mientras sueño.

Al despertar lo pongo entre mis labios
para que surja el día;
al sentarme a la mesa lo encuentro entre las frutas
del frutero.
Lo pronuncio sabiendo que endulzará mi sangre,
lo mezclo con el agua y me lo bebo.

He plantado también semillas de tu nombre
en el humus más fértil de mi cuerpo.

Waters made of wonder lift the youth
from where you descend to nest in my hands.

You are the fairest verse my lips have ever read.
A verse that moves,
that makes the rustling leaves fall over my sleep.
And thus, when you walk,
when you proudly pass by the gardens
that noon displays for you,
then, if you speak to me,
your clear voice makes the light shiver
in all of my mirrors.

Aguas hechas de asombro alzan la juventud
desde donde desciendes a posarte en mis manos.

Eres el mejor verso que han leído mis labios.
Un verso que se mueve,
que hace crujir las hojas que caen sobre mi sueño.
Y así, cuando caminas,
cuando pasas erguida en los jardines
que el mediodía te tiende,
entonces, si me hablas,
tu clara voz hace temblar la luz
en todos mis espejos.

She is the world.
In her eyes sleep is distilled by light,
in her hair stars are nested by the night
and in her voice withered words
drink water.

Farther down, light has formed heavy hills
where astonishment falls asleep,
where water lets its blinding beams stand still.
There is between her legs
a perfume used for tying up a rainbow,
to tame the wildest furies.

But that which is most cherished,
what compels archaeologists and avid adventurers
to climb those slopes of hardened light
is the certainty about a paradise with fruit trees
of which the shadows still remain.

Ella es el mundo.
En sus ojos la luz destila sueño,
en su pelo la noche anida sus estrellas
y en su voz beben agua
las palabras marchitas.

Más abajo la luz formó densas colinas:
ahí duerme el asombro,
ahí reposa el agua sus destellos que ciegan.
Existe entre sus piernas
un perfume que sirve para atar arco iris,
para domar las furias más salvajes.

Pero lo más preciado,
lo que conmina a arqueólogos y aventureros ávidos
a subir esas cuestas de luz endurecida
es la certeza de que hubo un paraíso con árboles frutales
de los cuales aún quedan las sombras.

Baudelio Camarillo

Only two verses form this poem;
in the middle of the two is your name.

***

In the clearest presence of a body I open my eyes.
The skin records a blinding splendor.
I am a thief caught up by sudden lighting;
I discover myself filling up my senses with a neat glow,
my hands, with tenderness,
my mouth with two breasts like two white apples.

Only clear images furnish this room
where two bodies touch their most sensitive chords.
In the precise caress, our hands
color with firm strokes the wall of flesh.

This is where we live;
our house is a body grounded in the night.
But tonight whoever passes by the street
will look at the window we illuminate
when we make love.

Sólo dos versos forman este poema;
en medio de los dos está tu nombre.

***

En la estancia clarísima de un cuerpo abro los ojos.
La piel registra un esplendor que ciega.
Soy un ladrón al que le prenden luces imprevistas;
me descubro llenando mis sentidos de un nítido fulgor,
mis manos, de ternura,
mi boca, de dos pechos como blancas manzanas.

Sólo imágenes claras amueblan este cuarto
donde dos cuerpos tocan sus cuerdas más sensibles.
En la caricia exacta, nuestras manos
iluminan con firmes pinceladas la pared de la carne.

Aquí vivimos;
nuestra casa es un cuerpo cimentado en la noche.
Pero esta noche quien pase por la calle
mirará la ventana que al hacer el amor
iluminamos.

I am awake and I hear
the birds singing and nesting in your sleep.
A light opening doors
and drawing back the curtains finds us naked.
You are still sleeping.
Light penetrates you as though in water,
your skin fills up with sun the walls of this room.

There is not a cloud passing through my voice,
no trace of fog inside my throat.
I have woken up with a clear word;
from your shadowless body the day emerges.
I'd like to waken you with a bunch of roses
and with kisses
and penetrate your gaze until I reach the tree
where birds sing.

He despertado y oigo
el canto de los pájaros que anidan en tu sueño.
Una luz que abre puertas
y descorre cortinas nos encuentra desnudos.
Duermes aún.
La luz penetra en ti como en el agua,
tu piel llena de sol las paredes del cuarto.

No hay una nube que cruce por mi voz,
ningún rastro de niebla en mi garganta.
He despertado con la palabra clara;
de tu cuerpo sin sombra surge el día.
Quisiera despertarte con ramos de rosas
y de besos
y entrar por tu mirada hasta tocar el árbol
donde cantan los pájaros.

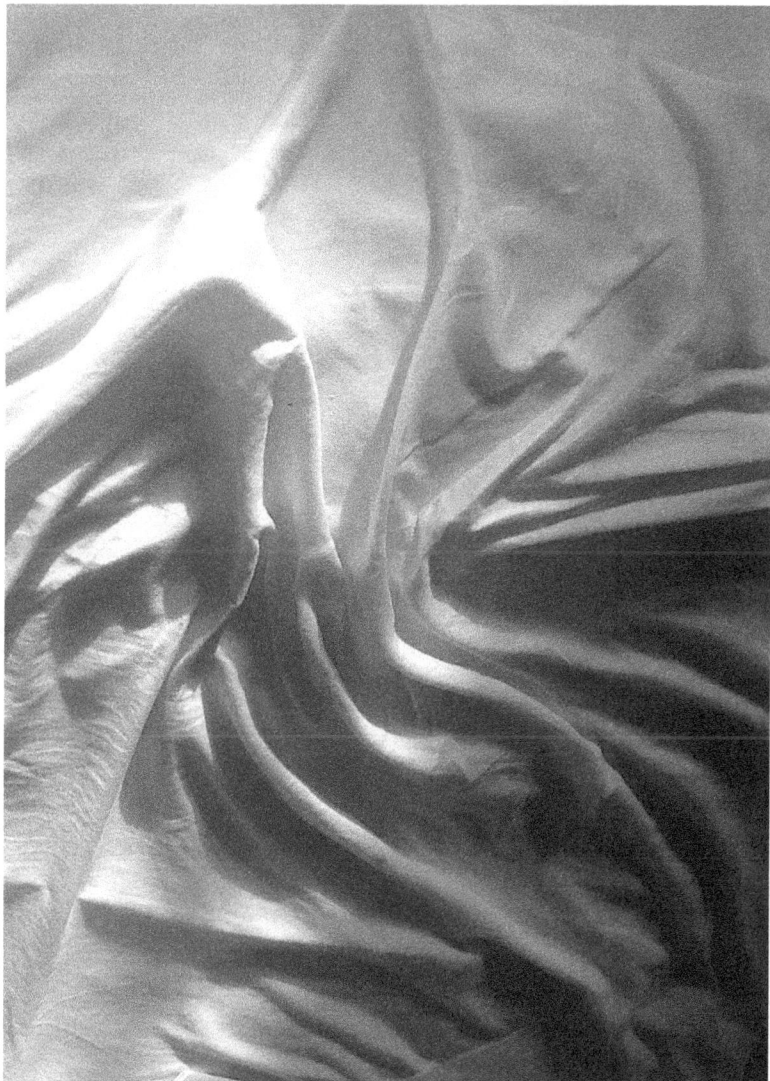

My desire for you is a wild horse;
it kicks against the wind
when a blade of air caresses it;
its snort lights a fire on green grass,
but once tamed
I rode softly on its back
all the light in the whole room.

***

Beaches lie ahead beyond your name.
You are water I embrace with all of my senses.
I go everywhere,
I drink from all your rays,
I fill you up with words
and seagulls.

Mi deseo por ti es un potro salvaje;
da coces contra el viento
cuando una brizna de aire lo acaricia;
su resoplar incendia hierbas verdes,
pero una vez domado
sobre su lomo he recorrido en un galope suave
toda la luz del mundo.

***

Más allá de tu nombre están las playas.
Eres agua que abrazo con los cinco sentidos.
Voy hacia todas partes,
bebo en todas tus luces,
te lleno de palabras
y gaviotas.

The night was powerless.
Neither winter nor the rain had any power
against the intensity of summer in my flesh.

We are naked now.
I shall begin by kissing all your skin,
by plowing you with these hands of mine,
to impregnate the entireness of you,
till flowers bloom throughout your body.

***

I know for sure
and I know you have a feeling:
wherever I place my lips on you
it is my own heart that I am kissing.

Nada pudo la noche.
Nada pudo el invierno ni la lluvia
contra el verano intenso de mi carne.

Ahora estamos desnudos.
Comenzaré a besar tu piel,
a ararte con mis manos,
a fecundarte toda,
hasta que broten flores en tu cuerpo.

***

Lo sé muy bien
y sé que lo presientes:
dondequiera que ponga en ti mis labios
estoy besando mi propio corazón.

I read your skin;
I nested upon you the smooth butterflies of my hands
and they were covered by the color of your dream.

Blue was forever your favorite color;
maybe you flew or maybe the sea
reached the deep look in your eyes
that you always offered me with beams and shadows.

But you also dreamed with sunflowers,
sunflower fields you said were not covered by your eyes
as you felt them sometimes almost outside of your dream.

Then my hands had light in their wings
and they flew out of the room
to light up the night.

Leía tu piel;
posaba en ti las tenues mariposas de mis manos
y ellas se cubrían del color de tu sueño.

El azul siempre fue tu color preferido;
tal vez volabas o tal vez el mar
abarcaba en tus ojos la mirada profunda
que siempre me ofreciste con destellos y sombras.

Pero también soñabas girasoles,
campos de girasoles que decías no abarcar con los ojos
pues los sentías a veces casi fuera del sueño.

Mis manos entonces tenían luz en sus alas
y volaban del cuarto
a iluminar la noche.

I have read your body so many times
that I know by heart
what underneath your skin
remains unknown even to yourself.

***

The other night, when June was pouring
on the seemingly eternal heat of the city,
your nakedness sparkled at the bottom of my eyes
while I caressed stars with my hands.

Hours were a cluster of grapes
from your body bitten by my mouth.

The rain is dreaming us, you said:
your voice fell upon my ears
like a soft thunder.

He leído tantas veces tu cuerpo
que me sé de memoria
lo que bajo tu piel
para ti misma permanece inédito.

***

Aquella noche, cuando junio llovía
sobre el calor de la ciudad que parecía eterno,
brilló tu desnudez al fondo de mis ojos
mientras que con mis manos acariciaba estrellas.

Las horas fueron un racimo de uvas
que mi boca mordía de tu cuerpo.

La lluvia está soñándonos, dijiste:
tu voz cayó en mi oído
como un suave relámpago.

She kissed my chest
and suddenly a poppy field bloomed
in my flesh.
A stone could yield beautiful flowers
if such lips kissed it;
this body even more:
humid and fertile
soil.

***

I saw her dress falling and the light visited
the darkest corners of my room.
She laid down on the bed
and I climbed up her skin
in search of the golden knob
of the entrance door to Paradise.

Then I slowly went down into oblivion:
beyond her body
everything was covered by penumbra.

Ella besó mi pecho
y floreció de pronto un campo de amapolas
en mi carne.
Una piedra podría dar flores hermosísimas
si labios como aquéllos la besaran;
cuánto más este cuerpo:
tierra húmeda
y fértil.

***

Vi caer su vestido y visitó la luz
los más oscuros rincones de mi cuarto.
Se recostó en el lecho
y ascendí por su piel
buscando la dorada manecilla
de la puerta de entrada al Paraíso.

Después bajé despacio hacia el olvido:
más allá de su cuerpo
todo estaba en penumbra.

He who has the joy of looking at her nakedness
won't get enough from brightness anymore.
To he who drinks from her breasts
the world will seem tasteless.

***

Never close your eyes when you make love,
you could be blinded
by the internal light
you irradiate.

Al que tenga la dicha de mirarla desnuda
ya no le bastará la claridad.
Al que abreve en sus pechos
le sabrá simple el mundo.

***

Nunca cierres los ojos cuando amas,
podría dejarte ciego
la propia luz interna
que despides.

RUINS

ESCOMBROS

I

A pain leads my hand until I touch the ruins.
Just as a bell is moved by the wind my heart tolls.
I am alone tonight,
alone with the shiver running through my spine
and the scream in circles carried by my blood
and the weight of my voice in the shade.

Why am I not sleeping?
From what somber thirst does my mouth tremble?
A black time explodes in my eyes,
in my blood insomnia creates blood clots;
my shadow is so dark
that it leaves stains on the walls.

I

Un dolor guía mi mano hasta tocar escombros.
Como una campana movida por el viento mi corazón repica.
Estoy solo en la noche,
solo con el escalofrío que me recorre
y el alarido en círculos llevado por mi sangre
y el peso que mi voz tiene en la sombra.

¿Por qué no estoy dormido?
¿Desde qué oscura sed tiembla mi boca?
En mis ojos estalla un tiempo negro,
en mi sangre el insomnio forma coágulos;
mi sombra es tan oscura
que deja manchadas las paredes.

II

It hurts to feel the ruins in the dark.
After having loved, the body stays in darkness.
There are some memories around,
splinters that pretend to be light under the eyelids,
faint traces of gold on the ailing skin.

The rest is night.
The rest is wind of the night.
The rest is the smell of wind of the night
and one lingers at night
as in a city
unknown.

II

Duele en la oscuridad tocar escombros.
Después de haber amado el cuerpo queda a oscuras.
Hay por ahí recuerdos,
astillas que fingen ser luz bajo los párpados,
vagos rastros de oro sobre la piel enferma.

Lo demás es la noche.
Lo demás es el viento de la noche.
Lo demás es el olor del viento de la noche
y uno anda en la noche
como por una ciudad
desconocida.

III

I clean my body, my beloved,
in the purest water running through my sleep.
I wash these hands that caressed you
and this chest on which you bloomed.
I wash the legs that led me to you
and the arms who lifted
and held your dream.

I clean my body, my beloved,
from right to left, from north to south
till I erase your name.
But that works only for a moment:
after a hundred or two hundred beats
the rot starts pouring out of the heart
like a black scum.

III

Limpio mi cuerpo, amada,
en el agua más pura que corre por mi sueño.
Lavo estas manos que te recorrieron
y este pecho sobre el cual floreciste.
Lavo las piernas que hasta ti me llevaron
y los brazos que en vilo
sostuvieron tu sueño.

Limpio mi cuerpo, amada,
de derecha a izquierda y de norte a sur
hasta borrar tu nombre.
Pero es sólo un momento:
al cabo de cien o doscientos latidos
la podredumbre vuelve a salir del corazón
como una espuma negra.

IV

I have entered the city like entering the fog.
After having loved, the soul stays in darkness.
I shall wander as the wind knocking on old doors,
wounding my shadow against the long wall passages.

You have burnt the last stars inside my voice:
what I write is only ashes.

IV

He entrado en la ciudad como entrar en la niebla.
Después de haber amado el alma queda a oscuras.
Andaré como el viento tocando viejas puertas,
hiriéndome la sombra contra los largos muros.

Has quemado en mi voz las últimas estrellas:
lo que escribo es ceniza.

V

The skin is a lamp that holds on to its light
after being caressed.
With this lamp in our hands our steps are safe
regardless of the night
or the ragged curtain of the rain.

But tonight my loneliness stumbles;
my heart in darkness goes the wrong way.
When you depart, the city turns colder,
the air gets darker,
the streets are narrower
and longer.

V

La piel es esa lámpara que mantiene su luz
después de la caricia.
Con ella en nuestras manos damos pasos seguros
a pesar de la noche
o del telón raído de la lluvia.

Pero esta noche mi soledad tropieza;
mi corazón a oscuras equivoca el camino.
Al irte dejas la ciudad más fría,
el aire más oscuro,
las calles más angostas
y más largas.

VI

You have left the night to me
so that I drive my skin to rave.
I breathe a pain that enters from every window.
You have also left me a heart with heavy gloom,
burning images in every hand
and this blood that flows more insubstantial every day.

Only a long exhaustion has remained from your love.
Only your remembrance
ignites within my hand
these broken mirrors.

VI

Me has dejado la noche
para que en ella ponga mi piel a delirar.
Respiro un dolor que llega por todas las ventanas.
Me has dejado también un corazón de espesa sombra,
imágenes ardiendo en cada mano
y esta sangre que fluye cada vez menos densa.

Sólo ha quedado de tu amor este largo cansancio.
Es sólo el recordarte
lo que enciende en mi mano
estos espejos rotos.

VII

There is a wind in my sleep that breaks green branches,
it roots out my fruit-bearing trees.
it opens doors with a single blow,
it crashes mirrors,
whistles on the chords of my nerves like a demon.
After that, it departs
and turns into a whirlwind of froth inside the throat
while I try to organize my dream
and I reconstruct the mirrors
so I can see you.

VII

Hay un viento en mi sueño que rompe ramas verdes,
arranca de raíz mis árboles frutales,
abre puertas de golpe,
quiebra espejos,
silba en las cuerdas de mis nervios como un endemoniado.
Después se va,
se vuelve un remolino de espuma en la garganta
mientras yo trato de ordenar mi sueño
y reconstruyo los espejos
para verte.

AUGUST RAIN

Within the silence that digs a hole in the rain
my only light is a broken window.
An ash flavor pursues even my lightest dream.
Only the hidden drum inside my chest
paces the fleeting beat that makes
the even most silent tempo of my blood dance.

Do I need to say that it's late to place myself
once and for all at the front face of the world?
It's August. It rains.
And this rain on the mirroring chess of the roof tops,
on the trees that measure the weight
that from the air ladder casts its fragmented shadow,
on the streets, on the thick rug of grass;
and this rain, again, could well be the sea:
the silent sea that suddenly wakes up,
cracks the orb of its dreams
and lets its rusted albumin scatter through the air.

Where will her body be? Where her shadow?
Where her heart that I barely hear pounding in the room?
Oh, lightning hurts the crystal of my eyes
and crushes into my memory the exact spot
where her skin used to be.

She used to laugh with wet nostalgia.
Her laughter (spirit of the water dancing on strings)
emerged translucid
and from there I entered until I touched her soul:
a clear pond, a sky suddenly detached from the air
as if sometimes tied to the steady caress of silence.

LLUVIA DE AGOSTO

En el silencio que abre un hueco en la lluvia
mi única luz es la ventana rota.
Un sabor a ceniza persigue aun mi más ligero sueño.
Sólo el tambor escondido en mi pecho
marca el ritmo fugaz con el que danza
el aún más silencioso tiempo de mi sangre.

¿Hace falta decir que es de noche para situarme
de una vez por todas en el envés del mundo?
Es agosto. Llueve.
Y esta lluvia sobre el ajedrez espejeante de los techos,
sobre los árboles que miden el peso
que por la escala del aire precipita su fragmentada sombra,
sobre las calles, sobre la alfombra espesa de la grama;
y esta lluvia, repito, bien puede ser el mar:
el silencioso mar que de pronto despierta,
casca su orbe de sueños
y deja caer su albúmina oxidada por el aire.

¿Dónde estará su cuerpo? ¿Dónde su sombra?
¿Dónde su corazón que solamente escucho retumbar en el cuarto?
Ah, un relámpago hiere el cristal de mis ojos
y estrella en mi memoria el sitio exacto
donde estuvo su piel.

Ella reía con húmeda nostalgia.
Su risa (espíritu del agua danzando sobre cuerdas)
nacía transparente
y por ahí yo entraba hasta tocarle el alma:
estanque claro, cielo de pronto desligado del aire
como a veces sujeto a la firme caricia del silencio.

I also laughed. Laughed sunbathed fountains,
laughed rainbows of precious stones,
strings of poppies, rattles of light
and sun crystals beyond the rain.

What fire makes this blister of light
bounce over my skin?
It hurts my fingers when I touch it,
but more than my skin, my memory is in flames.

Nothing.
Now I hear the wind tearing itself among the lemon trees.
It is August. It rains.
And lonesome in the middle of the sea,
only the lightning hides behind my eyes
and my shadow reacts to its electrical impulse
to roam around the room.

Y yo reía también. Reía soleadas fuentes,
reía arcoiris de preciosas piedras,
arroyos de amapolas, cascabeles de luz
y cristales de sol más allá de la lluvia.

¿Qué fuego hace saltar sobre mi piel
esta ámpula de luz?
Duelen mis dedos al tocarla,
pero más que mi piel, mi memoria es la que arde.

Nada.
Ahora escucho el viento desgarrarse entre los limoneros.
Es agosto. Llueve.
Y, solitario en mitad del mar,
sólo el relámpago se esconde tras mis ojos
y a su eléctrico impulso mi sombra se despierta
a vagar por el cuarto.

NOCTURNAL

The sea extends its victory on the rain
and there is more salt than there is water
in this darkness.

I drown myself and cry out
asking for a boat in the middle of the night.
There is a dark surge girdling my flesh,
broken crystals under the heaviness of this water,
echoes of a drum pounding under the sea.

Oh, if rain only came in a different way,
and if at least it let me hide the past
in my party outfit;
if it wasn't silence all that my hands touch.
But I cannot help feeling this somber root.
My sadness is wider that the five senses,
there is now more dry weed in my words
and this gutter falling inside of me
on the waste of some broken bells.

What windows must be open? Towards what dreams?
In what mirrors of light can these lips soak in?
There is the falling rain
and there is the rain that silently corrodes us.
It is the same poison
here, to this hour,
when ink and ashes are made of equal blood
and the soul trembles
to the echo of some thunder.

NOCTURNO

El mar extiende su victoria en la lluvia
y hay más de sal que de agua
en esta oscuridad.

Me ahogo y pido a gritos
una barca en medio de la noche.
Hay un oleaje oscuro ciñéndome la piel,
cristales que se quiebran por el peso de esta agua,
ecos de algún tambor sonando bajo el mar.

Ah, si la lluvia viniera de otra forma,
si me dejara al menos esconder el pasado
en mi traje de fiesta;
si no fuera silencio cuanto mis manos tocan.
Pero no puedo más que esta oscura raíz.
Mi tristeza es más ancha que los cinco sentidos,
hay ahora más yerba marchita en mis palabras
y esta gotera que cae dentro del pecho
sobre los restos de unas campanas rotas.

¿Qué ventanas abrir? ¿Hacia qué sueño?
¿En qué espejos de luz sumergir estos labios?
Hay la lluvia que cae
y hay la lluvia que silenciosamente nos corroe.
Es el mismo veneno
aquí, a esta hora,
cuando tinta y ceniza son una misma sangre
y al eco de algún trueno
tiembla el alma.

SUNKEN ISLAND

Sadly born is this sea foam where your name used to be;
where your body was a shelter for glowing boats,
home of the senses,
a midday of seagulls migrating to my seashores.

Quiet are my waters since I lost you.
Quiet is my salt
like having lost my speech at the time you were sinking,
like scattering all of the gold pieces of the voice
in a last howl
and thereafter to ramble blindly and in silence
looking for crystals,
your multicolored tattoo minted on my skin.

And all was a party of mirrors on the beaches.
To the murmur of the breeze the conch shells tolled,
the same ones that I dragged while trembling
from my own abysses
when they escaped with you, leaving me without music.

Nevermore, not ever again
the neat conch shells will remember the light
and tied to your farewell,
the foam of your name,
the vortex is entering my voice.

ISLA SUMERGIDA

Triste nace esta espuma donde estuvo tu nombre;
donde tu cuerpo fue refugio de luminosas barcas,
patria de los sentidos,
mediodía de gaviotas emigrando a mis playas.

Quietas están mis aguas desde que te he perdido.
Callada está mi sal
como de haber quedado mudo al tiempo que te hundías,
como de esparcir todos los oros de la voz
en un último grito
y andar después a ciegas y en silencio
buscando los cristales,
tu tatuaje policromo acuñado en mi piel.

Y todo era una fiesta de espejos en las playas.
Al soplo de la brisa tañían los caracoles,
los mismos caracoles que arrastré tembloroso
de mis propios abismos
y que huyeron contigo dejándome sin música.

Nunca jamás, ya nunca
los limpios caracoles recordarán la luz
y sujeto a tu adiós,
espuma de tu nombre,
viene entrando a mi voz el remolino.

Baudelio Camarillo

CITY IN RUINS

Now I must say that there was a city
with avenues, towers
and clocks.
The single breeze made the bells toll
and the matins perforate sleep,
waking up the somnambulist
they indicated the hour to thank the benevolent
god.

Time did not run: it danced.
Each minute fell like a diamond on a mirror
where the shimmering water moved
by the aurora.

That was my city.
That was my singing.
There the noble hearts sieged me
and I learned to render fruits with dragonflies' wings
that fled in all directions.

Something happened after that.
The bells fell to the soil,
the clocks,
the avenues were covered with moss
and behold that now, as I sleep,
it is my shadow that searches for food
licking the cold reflection of some broken
crystals.

CIUDAD EN RUINAS

He de contar ahora que existió una ciudad
con avenidas, con torres,
con relojes.
La sola brisa hacía repicar campanas
y los maitines agujereando el sueño,
despertando al sonámbulo,
indicaban la hora de dar gracias al dios
benevolente.

El tiempo no corría: danzaba.
Cada minuto caía como diamante en el espejo
donde el agua se movía tornasolada
por la aurora.

Esa era mi ciudad.
Ese mi canto.
Ahí los nobles corazones me sitiaban
y aprendí a dar frutos con alas de libélula
que escapaban en todas direcciones.

Algo pasó después.
Cayeron las campanas,
los relojes,
las avenidas se cubrieron de musgo
y he aquí que ahora, mientras duermo,
es mi sombra la que busca alimento
lamiendo el frío reflejo de unos cristales
rotos.

ECLIPSE

I

All of what used to be light
withers suddenly in the gardens.
A total shadow sickens the horizon.
There is in the air a virus that darkens everything;
bacteria of the night blossom in the ripest
fruit of the day,
of this midday that rots in my hands
like a memory of you.

II

Six or seven minutes remembering you
and the midday has darkened
entirely.

ECLIPSE

I

Todo cuanto era luz
se marchita de pronto en los jardines.
Una sombra total enferma el horizonte.
Hay en el aire un virus que todo lo oscurece;
bacterias de la noche germinando en el fruto
más maduro del día,
de este mediodía que se pudre en mis manos
como un recuerdo tuyo.

II

Seis o siete minutos recordándote
y el mediodía se ha oscurecido
totalmente.

TIDES

I

My hands crawl
touching a sick dream.
I navigate adrift on the remains of a long fever.
Silence runs through my spine like a mollusk;
the heart follows a dark orbit.

I have woken up and drank a bit of these waters
with ash flavor.
The night enters my body through an old wound.

It is this way of looking with broken pupils.
This way of feeling
with the skin altered by a somber flame;
with pain biting the tongue,
with the ear accustomed to a desire
that suddenly stops sounding.

MAREAS

I

Mis manos se deslizan
tocando un sueño enfermo.
Navego a la deriva sobre los restos de una larga fiebre.
El silencio recorre mi espina dorsal como un molusco;
el corazón sigue una órbita oscura.

He despertado y he bebido un poco de estas aguas
con sabor a ceniza.
La noche entra en mi cuerpo por una vieja herida.

Es esta forma de mirar con las pupilas rotas.
Es esta forma de sentir
con la piel alterada por un fuego sombrío;
con el dolor mordiéndome la lengua,
con el oído acostumbrado a un deseo
que de pronto dejara de sonar.

Baudelio Camarillo

II

I move forward.
On salt and twilight I move forward;
on silence and memory I move forward;
with night stuck between my nails,
with the pain on a harsh board
I move forward and adrift,
I move forward with big strokes of my heart,
in big gasps of black air,
with the clawing of a blind man who drowns,
with the madness of whoever feels all the resentment of the sea,
with bitterness,
with haste,
with the obscure anxiety of one who sits
to contemplate his insomnia.

II

Avanzo.
Sobre la sal y la penumbra avanzo;
sobre el silencio y la memoria avanzo;
con la noche metida entre las uñas,
con el dolor sobre una áspera tabla
avanzo a la deriva,
avanzo a grandes brazadas del corazón,
a grandes bocanadas de aire negro,
con los zarpazos del ciego que se hunde,
con la locura del que siente todo el rencor del mar,
con la amargura,
con la premura,
con la oscura ansiedad del que se sienta
a contemplar su insomnio.

III

I drink in my heart my own bitter scream.
I drink my own scream with these dirty hands,
with this dirty mouth of pain.

Who to call?
Oh, circumstances that give our shadow
the weight that the hand refuses to hold.
My eyelids close like lips
that pronounced their very last words
and this blood with no echoes that run through my insomnia
is the water that crosses
a dream that moves away.

III

Bebo en mi corazón mi propio grito amargo.
Bebo mi propio grito con estas manos sucias,
con esta boca sucia de dolor.

¿A quién llamar?
Ah, circunstancias que dan a nuestra sombra
el peso que la mano se niega a sostener.
Mis párpados se cierran como labios
que han dicho sus últimas palabras
y esta sangre sin ecos que recorre mi insomnio
es el agua que cruza
un sueño que se aleja.

IV

You are this pain,
these waters biting my most sensitive flesh,
this salty grief that I drink.

You are this pain;
I recognize you in the way you dampen my bones,
in the tides that rise through my spine,
in the echo you bring to life under my dark skin.

You are this pain, I say it once again.
Humidity softens my muscles,
the thread from which the clumsy heart holds itself,
the harshness of the eye.

The night lifts itself as the only orientation I recognize.
Clots of something that was my blood
float on the sea.

IV

Tú eres este dolor,
estas aguas mordiendo mi carne más sensible,
esta salada pesadumbre en la que bebo.

Tú eres este dolor;
te reconozco en la forma de humedecer mis huesos,
en las mareas que suben por mi espina dorsal,
en el eco que avivas bajo mi piel a oscuras.

Tú eres este dolor, repito.
La humedad reblandece mis músculos,
el hilo del que pende el torpe corazón,
la dureza del ojo.

Se alza la noche como la única orientación que reconozco.
Sobre el mar flotan coágulos
de algo que fue mi sangre.

DREAM

In my dream it rained.
My room was in darkness
and in the street the lightning
illuminated a muddy soundless water.

The houses showed me only their black façades
The window had heavy iron rods
and its broken crystals still rip my arms.

I shall never understand why such terrible punishment.
Black walls rounded me up and in those four barricades
there wasn't any door.

I was able to escape.
I came out of my dream to a clear morning,
but the rain stayed within myself
and it still doesn't end.

SUEÑO

En mi sueño llovía.
Mi cuarto estaba a oscuras
y en la calle el relámpago
iluminaba un agua turbia y sin sonido.

Las casas me mostraban sólo fachadas negras.
La ventana tenía gruesas barras de hierro
y sus cristales rotos aún destrozan mis brazos.

Nunca sabré por qué tan terrible castigo.
Negros muros me ataban y en las cuatro paredes
no había ninguna puerta.

Pude huir.
Salí del sueño a una limpia mañana,
pero la lluvia se quedó dentro de mí
y aún no cesa.

CITY IN RUINS II

In lighting up these ruins
my lamp's oil consumes itself.
Nothing has survived in this city.
I open my mouth and smoke clouds surround my words,
I open my arms and I only embrace destruction and ashes.
My relatives have fled towards other margins,
another city will found the oblivion far away from me.
And I, who was the major scribe of the empire,
I close the large pages:
let silence speak for me.

CIUDAD EN RUINAS II

En la iluminación de estos despojos
se consume el aceite de mi lámpara.
Nada ha quedado en pie de esta ciudad.
Abro la boca y la humareda envuelve mis palabras,
abro los brazos y sólo estrecho destrucción y ceniza.
Hacia otras márgenes han huido mis deudos,
otra ciudad fundará lejos de mí el olvido,
y yo, que era el escriba principal del imperio,
cierro los grandes folios:
que hable por mí el silencio.

THE HOUSE OF THE POET

LA CASA DEL POETA

I

The house of the poet is warm
and the worshipped Goddess' skin scents the parlors.
All here is altars where light presides over fulfillment
and in the most intimate corner
intelligence consecrates its offerings.

To enter here is to know from the inside the heart
of he who sings from the highest summit of the world,
it is to walk around from the inside of the eye that stares at us,
it is to forget for a moment our portion of shadows.

I

La casa del poeta es tibia
y aroma sus estancias la piel de la Diosa venerada.
Todo ahí son altares donde la luz oficia plenitud
y en el rincón más mínimo
la inteligencia consagra sus ofrendas.

Entrar ahí es conocer por dentro el corazón
de quien canta en la cima más alta del mundo,
es recorrer por dentro el ojo que nos mira,
es olvidar por un instante nuestra ración de sombras.

Baudelio Camarillo

II

The house of the poet was seeded on dark rock.
Petrified rivers of lava surround its roots.
From these rocks the poet throws marvels
into the valley of astounded men.

At three thousand meters above sea level
the poet is the antenna perceiving from within the light
Gods who descend to fertilize the world.

The house of the poet is high uphill
because light, before anyone else,
must touch him.

164

II

La casa del poeta fue cultivada sobre la roca oscura.
Petrificados ríos de lava circundan sus raíces.
Desde esas rocas el poeta despeña maravillas
hacia el valle de hombres asombrados.

A tres mil metros sobre el nivel del mar
el poeta es la antena que percibe en la luz
los dioses que descienden a fecundar el mundo.

La casa del poeta está en una alta cima
porque la luz, antes que a nadie
debe tocarlo a él.

III

To look at the world
the poet arranged the large windows of this house.
His gaze descends to illuminate a valley
where time gasps
when carrying a huge city on his back:
large walls sensitive to light,
houses that go up in slow procession through the hills,
men born along with the day to die
just in the middle of a bright evening.

Also the heart is a great city
with wide avenues.
Flesh is dust, they say;
but this dust is held by the poet's hand
to cast it off, through the breath of his singing,
to the stars.

III

Para mirar el mundo
el poeta dispuso los amplios ventanales de esta casa.
Su mirada desciende a iluminar un valle
donde el tiempo jadea
llevando a sus espaldas una ciudad enorme:
largos muros sensibles a la luz,
casas que ascienden en lenta procesión por las colinas,
hombres que nacen con el día para morir
justo en el centro de una noche iluminada.

También el corazón es una gran ciudad
con anchas avenidas.
La carne es polvo, dicen;
mas ese polvo es recogido por la mano del poeta
para lanzarlo con el aliento de su canto
a las estrellas.

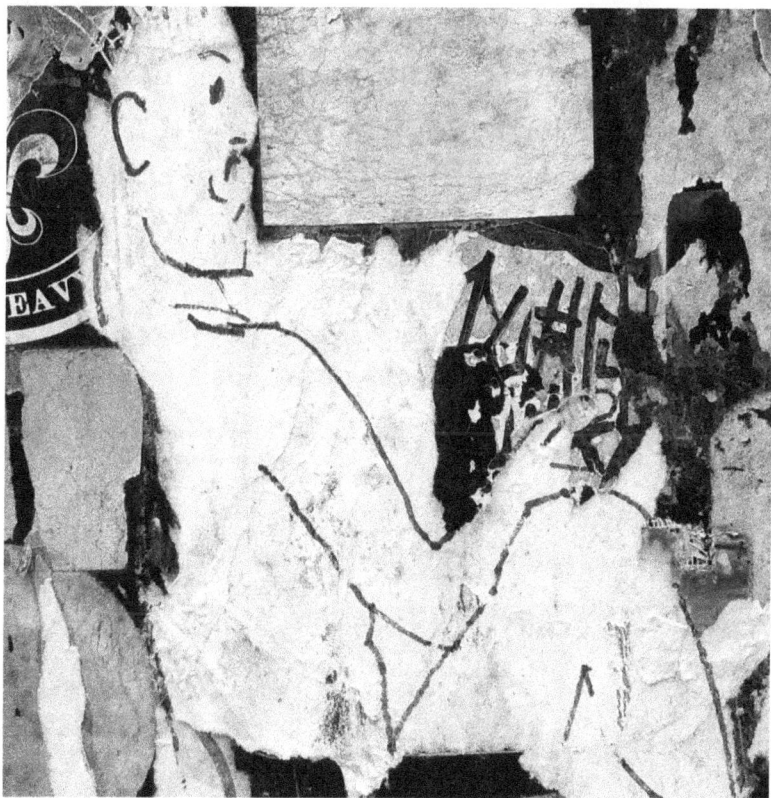

IV

There is a cactus garden that the poet nurtures
just as if he cultured his naked heart.
On stone altars they hold on to light.

They can survive —says the poet—
in the corner of the most unfriendly kingdom
and in the landscape of the most sterile dream.

They can only look at each other.
To touch them is to fill memory with wounds.
But when it is the pain of men's hearts
the goddess pushes our hand towards that cactus
so that our blood may bloom among the thorns.

IV

Hay un jardín de cactus que el poeta cultiva
como si cultivara su corazón desnudo.
Sobre altares de piedra se aferran a la luz.

Pueden sobrevivir –dice el poeta–
en el rincón del reino más inhóspito
y en el paisaje del sueño más estéril.

Sólo pueden mirarse.
Tocarlos es llenar de heridas la memoria.
Mas cuando es el dolor el corazón del hombre
la diosa nos empuja la mano hacia ese cactus
para que nuestra sangre florezca en las espinas.

V

It's dusk in the valley.
Artificial lights are lit down there.
They'll walk under that light, those whose major tribute
is only the little glass debris that, in destroying
their heart, has remained;
they will wander around those streets looking for mirages
and without knowing it, they will praise empty buildings
that crumble when slightly touched.

No man at random will ever find this house
where the poet turns on words as lamps.
Sense of direction demands looking up to the summit
paying tribute to the night through a heart
of burned-out flesh.

It's dark now.
Artificial lights are lit down there.
Under a different light the poet slides
his hand on the paper;
he writes under a different light;
it is the natural daylight of the one who after sunset
has kept over his forehead
even the last of rays.

V

Oscurece en el valle.
Luces artificiales allá abajo se encienden.
Bajo esa luz caminarán aquellos cuya mayor ofrenda
es el poco de vidrio que al destrozar
su corazón sólo ha quedado;
por esas calles errarán en busca de espejismos
y sin saberlo alabarán edificios vacíos
que al menor tacto se derrumban.

Ningún hombre al azar encontrará esta casa
donde el poeta enciende palabras como lámparas.
Orientarse requiere mirar hacia la cima
y ofrendar a la noche un corazón
de carne alucinada.

Ha oscurecido.
Luces artificiales allá abajo se encienden.
Bajo otra luz el poeta desliza
sobre el papel su mano;
bajo otra luz escribe;
es la luz natural de aquel que al irse el sol
ha guardado en su frente
hasta el último rayo.

VI

The house of the poet has solid foundations
bearing the weight of the whole firmament.
Its vault is similar to the highest summits
seen clearly during the cleanest hours.

No one can know it if he has not visited it,
if he has not explored it by touching the walls
where a stone sinks into another stone
before the weight of all of what is terrible.

Oh, may the humans someday acknowledge this:
without the solid foundations of this house
the splendid mansions of the gods
would crumble down on to ourselves.

VI

La casa del poeta posee cimientos firmes
que soportan el peso del firmamento entero.
Su techo es semejante a las más altas cumbres
que en las horas más limpias se divisan.

Nadie puede saberlo si no la ha visitado,
si no la ha recorrido palpando las paredes
donde la piedra se hunde en otra piedra
ante el peso de todo lo terrible.

Ah, que alguna vez lo reconozcan los humanos:
sin los fuertes cimientos de esta casa
las espléndidas mansiones de los dioses
se nos vendrían encima.

VII

The best nutrition of the gods
is the flesh of the man
who cleans the stars' blue dust
with his hand.
The poet knows it:
he drinks the best wine of his table,
he tastes exquisite delicacies.
He then comes out to the night
and climbs its scaffolds
to purify the brightness of the stars.

VII

El mejor alimento de los dioses
es la carne del hombre
que limpia el polvo azul de las estrellas
con su mano.
El poeta lo sabe:
bebe el mejor vino de su mesa,
prueba manjares escogidos.
Después sale a la noche
y trepa en sus andamios
para dejar más puro el brillo de los astros.

VIII

His parents,
the wise constructors of this house
are also revered.
Time decorated the main parlor
with their portraits
and they, perpetual guests of light,
now irradiate their own light
to the frequent visitor that looks at them.
One of them was blind,
he begged trivial glares at the doorsteps of multiple cities,
but when he sang
the most accurate stones in weight and measure
of these huge walls
fitted into each other by themselves
till no thin hair was allowed
between each one of them.

VIII

Sus padres,
los sabios constructores de esta casa
también son venerados.
El tiempo decoró la estancia principal
con sus retratos
y ellos, huéspedes perpetuos de la luz,
ahora irradian luz propia
al visitante asiduo que los mira.
Uno de ellos fue ciego,
mendigó nimios soles a las puertas de múltiples ciudades,
pero cuando cantaba
las piedras más exactas en peso y en medida
de estos enormes muros
se acomodaron por sí solas
hasta no permitir ni un delgado cabello
entre una y otra.

IX

From sunrise till midnight
a bejeweled brightness wanders around the house.
The poet's hand ignites what it touches;
his voice is also a vivid shine
sitting kingly in all the lounges.
His throat awakens tropics on the skin
and the magnificent bird of his breath
descends toward purer seasons.

Reddish doors are opened to lead the image
to the depths of the human heart.

Yes, the house of the poet is on the top of a summit.
In the highest places inhabited only by the gods.
And there are stairs only to go up
because anyone who comes down from this house
will never be the same.

IX

Desde el amanecer hasta la media noche
una enjoyada claridad deambula por la casa.
La mano del poeta enciende lo que toca;
también su voz es vivo resplandor
que se aposenta en todas las estancias.
Su garganta despierta trópicos en la piel
y a estaciones más puras
desciende el ave enorme de su aliento.

Se abren puertas rojizas que conducen la imagen
hasta lo más profundo del corazón humano.

Sí, la casa del poeta está en una alta cima.
En más altos lugares sólo habitan los dioses.
Y hay escaleras sólo para subir
porque quien baja de esta casa
no es ya el mismo.

X

The mother, the wife and the daughter
live together in the house of the poet.
The three of them lavish tenderness on him
with a different light.
They will give their company to him,
they will be his guide
and each one will keep within their heart
an equal portion
of the conquered land.

X

La madre, la esposa y la hija
conviven en la casa del poeta.
Las tres prodíganle ternura
con una luz distinta.
Ellas irán con él,
le servirán de guía
y cada una tendrá en su corazón
una porción igual
del territorio conquistado.

Baudelio Camarillo

Baudelio Camarillo. Poet. He lives in Celaya, Guanajuato, México. National Prize of Poetry Aguascalientes 1993 for *En memoria del reino*. San Juan del Río Prize of Poetry 1996 for *Huerto infantil*. National Prize of Poetry Efraín Huerta 2004 for *La noche es el mar que nos separa*. His collection of poems *En memoria del reino* is included in the compilation *30 years of Aguascalientes Prize of Poetry, 1988-1997* (México, Joaquín Mortiz / Gov. of the State of Aguascalientes / INBA, 1997). He has also published *Poemas de agua dulce* (México, Praxis, 2000) and *Al fondo está la noche* (México, Chapter 7 Editions, 2018).

Baudelio Camarillo

Baudelio Camarillo. Poeta. Radica en Celaya, Guanajuato. Premio Nacional de Poesía Aguascalientes 1993 por *En memoria del reino*. Premio de Poesía San Juan del Río 1996 por *Huerto infantil*. Premio Nacional de Poesía Efraín Huerta 2004 por *La noche es el mar que nos separa*. Su poemario *En memoria del reino* se incluye en la compilación *Premio de Poesía Aguascalientes 30 años, 1988-1997* (México, Joaquín Mortiz / Gob. del Edo. de Aguascalientes / INBA, 1997). Ha publicado también *Poemas de agua dulce* (México, Praxis, 2000) y *Al fondo está la noche* (México, Edit. Capítulo 7, 2018).

Darklight Publishing

BRIDGES BILINGUAL POETRY SERIES /
COLECCIÓN BILINGÜE DE POESÍA BRIDGES

www.ingramcontent.com/pod-product-compliance
Lightning Source LLC
Chambersburg PA
CBHW031547040426
42452CB00006B/223